目次

2 搭乘台灣高鐵 走一趟 台灣三都

2 高鐵之旅 從台北直奔台南，再從台南到台中，最後回到台北

6 日記① 文・攝影——伊藤正子

8 台北 參觀鳳梨酥的製作過程

12 台北市區散步

14 日記②

16 台南街頭散步——鳳梨田、老字號茶葉行

22 日記③

24 台南街頭散步——孔廟、市場

28 蒸籠店訪問

30 台南市區散步——虱目魚粥、刨冰

32 海邊散步——安平樹屋、藝廊

38 日記④

40 老夫婦的點心鋪

42 無農藥的茶園 台灣茶

48 日記⑤

50 台中 台北

56 日記⑥

62 伴手禮

攝影——廣瀨貴子
伊藤正子（封面、p6、7、14、15、22、23、38、39、48、49、56、57、63）

地圖——田所真理子

封面是伊藤小姐用iPhone拍下的台灣街頭風景。

搭乘台灣高鐵 走一趟 台灣三都

文—高橋良枝　翻譯—王淑儀

上一次到台灣旅行是約一年前的初夏，
最近又有再訪台灣的邀請。
「要不要去上回沒去到的台南或台中呢？」
這麼一提，我就想起小曼曾說過：
「台南、台中都很好玩喲，而且還有好多好吃的東西。」
於是決定這次要來趟串連台北、台中、台南，縱貫台灣之旅。
就像日本JR廣告一樣，寫下你的台灣三都物語吧，我著實被打動了。
我問伊藤正子有沒有興趣同行，
她一如往常地，很快就答應了。
上一回來台灣是初夏，這次則是初秋。
九月下旬，我們飛奔向台灣。
與多次造訪、多少已有了基礎認識的台北不同，
我對於台南、台中一點概念也沒有，
大致上只知道台北是亞熱帶，台南則已屬熱帶地區，
台南的古老街區，以前曾被荷蘭人統治……等等資訊。
串連三都的是台灣人驕傲的高鐵。
攝影師是廣瀨貴子，
為我們導覽的同樣是上次的潘小姐，因此特別令人安心。
四名女子，高密度、行軍般的旅行由此開始。

從台北到台南搭高鐵約兩個小時多一點。
當我們還沉醉在眺望車窗外的田園風景時，已經抵達台南站了。
一下車發現是非常現代的車站，但包圍它的卻是悠閒沉靜的大片田園。
潘小姐說：「台南就像日本京都，台中的感覺則是名古屋。」

台南還遺留著荷蘭人統治時代的城牆遺跡、英國人蓋的商館
以及日本統治時代的百貨公司建築等等。
雖然可見很多國家統治過的痕跡，
但仍然可見完全不受外來影響、
保留著獨自文化的街區，
這裡的人是那樣柔軟而強健地生活著。
在古老的街道上生活的人們，
在南國的從容與優雅之中，
可窺見曾經走過的歷史。

在台中我們走訪了位於海拔1400公尺的茶園。
在群山環繞的雄偉風景之中，品嘗了無農藥的台灣茶，
實在是太好喝！
晚上住的飯店是現代化高樓，從41樓的窗戶眺望，
可以看到台中是高樓大廈與傳統民宅交雜的發展中城市。
然後，回到台北。
大城市的喧囂一樣讓人歡喜，
我們四處遊逛到三更半夜。
這樣還是不夠，
心中仍有著好想再走慢一點、四處去散步的欲望。
不過在旺盛的食欲帶領下，
我們於各個城市盡享美食。

高鐵之旅

從台北直奔台南，
再從台南到台中，最後回到台北

位於台灣中樞的台北車站，外觀沉穩；
在田園之中拔地而起的
台南車站，現代時尚。
兩者都是讓人想出發去旅行的車站。

台南高鐵車站是由台灣的宗邁建築師事務所設計，2006年完工。外觀輕盈而現代。

台北車站內部。

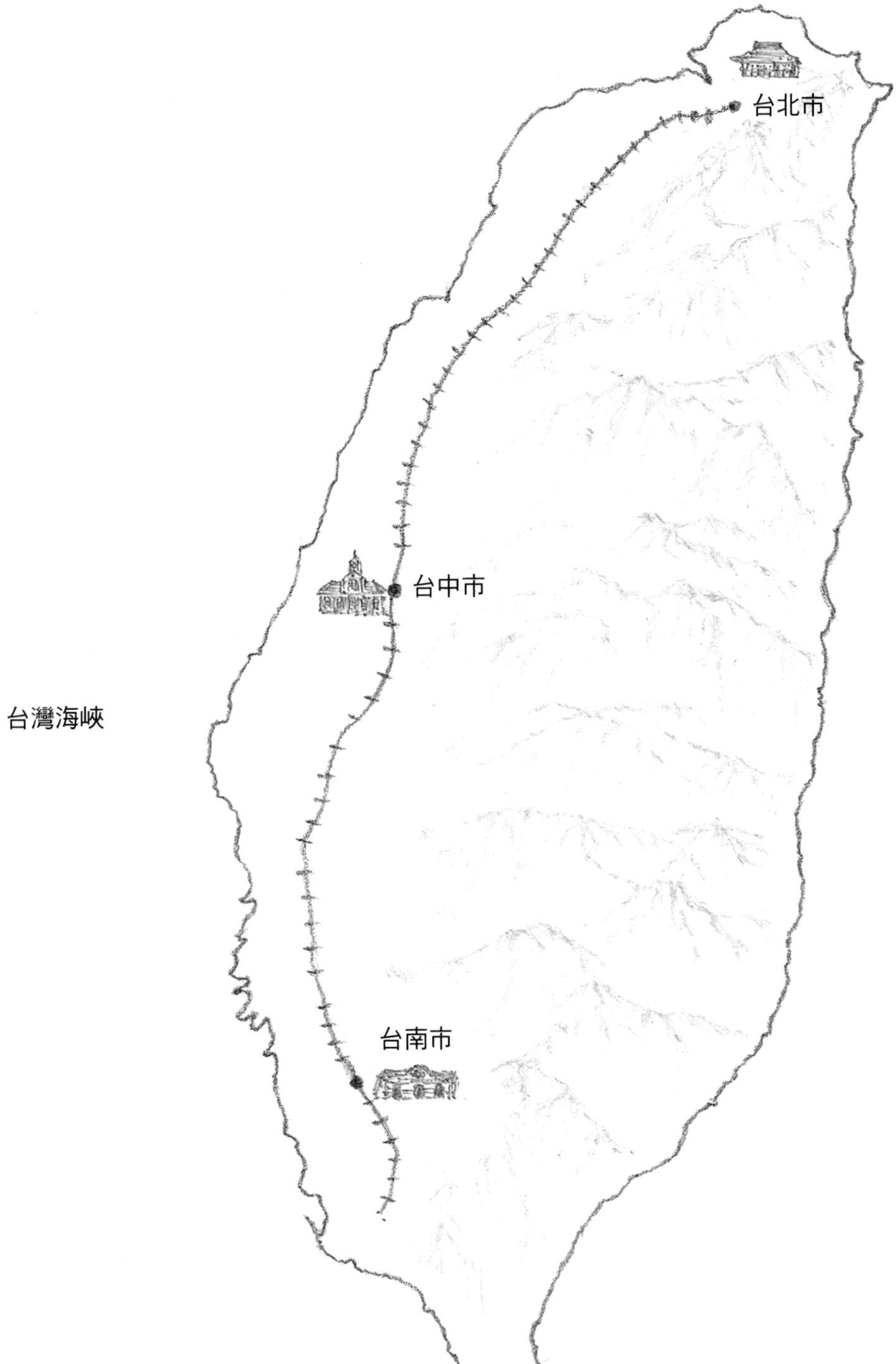
台北市
台中市
台灣海峽
台南市

日記

文・攝影—伊藤正子　翻譯—王淑儀

房間裡的茶與台灣布的伴手禮。

飯店的房間，很漂亮。

充滿了香甜氣味的廚房。

小貴在台灣拍的第一張照片。

整齊排放的南國水果。

9月30日

2013年6月，因為《日日》的採訪，我隔了15年才再次造訪台灣。這15年來台北的街景有了巨大的變化，然而人的溫暖還是一如往常。那次採訪回來之後，我在家裡三句不離「台北好好玩啊」、「東西太好吃了」，惹得女兒也對台北好奇起來，那年暑假，我們兩人就來到台北旅行。我們去小曼的工作室裡喝了中國茶、吃了酸白菜火鍋，以及滿盆綠意的豌豆湯讓人印象深刻的雲南料理，在誠品書店東逛西逛（台灣的連鎖大型書店，女兒非常喜歡這裡，在台北每天都要去逛一下），最後去了市場買乾貨……上回因《日日》走訪的地方又再帶女兒走過一次。

旅遊的途中，即使遇到了迷路、語言不通、看漢字點菜吃到跟想像中完全不同味道的料理等小麻煩，但這些都成為這趟旅行的美好回憶。母女兩人的四天三夜小旅行要結束時，覺得自己比來之前又更加喜歡台北的街道以及台灣的人們了。

上次旅行所買的中國茶、市場採購的蝦米、干貝等乾貨眼見就要見底了，心想是不是又該去一趟台灣了呢？何時可成行呢？翻著行事曆的日子一天天過去，直到某一天，高橋良枝打了通電話給我：「要不要再來一趟台灣採訪之旅？這次我想再多加台中、台南兩個城市呢！」只有這個時候，我真的以為自己的念力讓夢想成真了呢！真是太令人驚喜，當然馬上就回她：「要去要去，我要去！」這次的同行者有高橋良枝與攝影師小貴，女子三人行，我有預感會是趟有趣的台灣之旅。

搭乘了羽田出發的早班飛機，喝了啤酒之後小眠了一會兒，一醒來已經抵達台北松山機場。久違的台北，也許是因為已進入9月下旬，暑氣已漸和緩。

今天我們去拜訪小曼曾帶我們去過的點心鋪，請她們示範鳳梨酥的作法。鳳梨酥幾乎已成為台灣伴手禮的代名詞，吃過好多家店的產品，對於味道與品質已有了一定

椰棗，中間夾了
香氣十足的核桃。

不妨礙人家，
幫忙做一點點。

剛出爐的蛋糕。

手天品的廚房。
長久使用的道具。

雞蛋也挑選安全安心的。

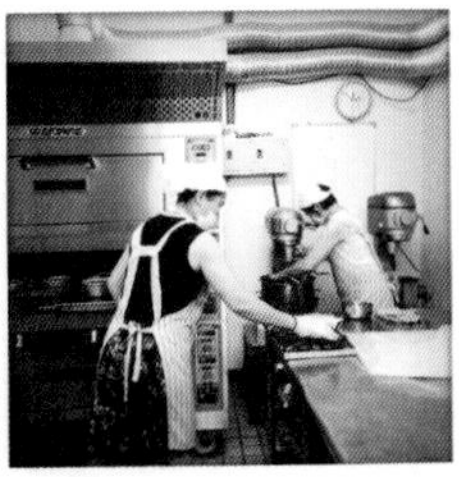

手天品的員工們各個動作俐落！

餐廳桌上擺滿了鳳梨。

飯店附近的live house竟然剛好在
舉辦Okamoto's的現場演唱會。

的認識。這家手天品的鳳梨酥入口即化的口感，一口咬下在嘴中擴散開來的奶油與麵粉香氣，中間包的鳳梨餡料，在在都是優雅而細緻的味道。她們的基本要求是有機，並使用安心、安全的食材，整個製造過程幾乎都是純手工。據說曾有大企業看上她們廣受好評，有意要出資協助開分店，然而店主李小姐斷然拒絕了。我問她為何呢？她純淨的眼睛直視著我，答道：「店開大了，就不是我們原本只是幾個同好一起開店的那個味道了。」那簡單的鳳梨酥裡原來藏有這樣的風節骨氣。每次吃著手天品的點心總有這樣的感覺，聽了李小姐的這番話，才明白原來是其來有自。

在手天品的店裡除了點心類，也販賣著牛奶、奶油、米、麵粉等等的食材，當然都是經過李小姐她們嚴選的東西。我們來到店裡沒多久，就見到附近的居民來來去去，都是來買東西的。一名阿伯帶狗散步順便繞過來買了一瓶牛奶就走，有名女子是來買點心的，看到有米，好像也想買，對著米斟酌了許久。像這樣在家附近有個可以安心採買食品的店家，真是太令人羨慕了。

離開手天品之後，我們在這一區四處亂逛。這裡離小曼的工作室很近，我們已走訪了多次，是很熟悉的街區。這裡是由老房子組成的街道，氣氛很好，不時會遇上散落在角落的骨董店、咖啡、雜貨等店家，是很適合散步的地方。今天雖遇上下雨天，仍不減我們到處走走逛逛的興致。

晚上與小曼會合，帶我們去一家很漂亮的餐廳「客家小路」。這裡是去年我女兒及hippi（小曼家的玩具貴賓狗）也一起來的地方。久違了的台灣料理，還有與小曼她們天南地北地聊著。啊啊，台灣果然是個令人開心的地方呢。大概是紹興酒的關係，一回到飯店就好想睡了。明天要去台南，不知那裡是個怎樣的地方？我懷著期待進入夢鄉。

台北

鳳梨酥

上回台北之旅的最後一天，
小曼帶我來到這家「手天品」，
並介紹「這些都是
選用天然食材製作的喲」。
我買了鳳梨酥回家，
一口咬下，
那溫柔的味道，久久難忘。
這次特別讓我參觀了
她們的製作過程。

手天品（社區食坊）

位於台北市大安區，以天然食材製作鳳梨酥、餅乾等點心。由五名主婦所合力開設的點心舖，不使用人工香料、乳化劑等添加物，溫和自然的美味廣受歡迎。

手天品位於靜謐的住宅區一家。

也有餅乾、磅蛋糕等。

鳳梨酥有原味、核桃兩種口味，從一開始就是熱賣商品。

「要不要試著做做看？」在她們的邀請之下，伊藤正子也參與了將鳳梨餡包進餅皮之中的作業，還被大大稱讚說：「包得真好！」

要進烤箱前的核桃鳳梨酥。實在是太可愛了，忍不住讓人一直想拍。

鳳梨酥的製作過程

一次可做140個鳳梨酥，一天可烤4、5次。外皮是以麵粉、奶油、砂糖、蛋做成的。鳳梨餡則是事先做好，放涼再包進去。

1 先將奶油打散，讓它包進大量的空氣。打成柔軟的泥狀之後，加入砂糖再繼續攪拌。

2 在奶油泥中將蛋白分批加入一起攪拌，一直打到蛋白與奶油充分混合、膨脹為止。

3 加進蛋黃。為了使奶油與蛋不分離，得分成2、3回加入，並快速攪拌。

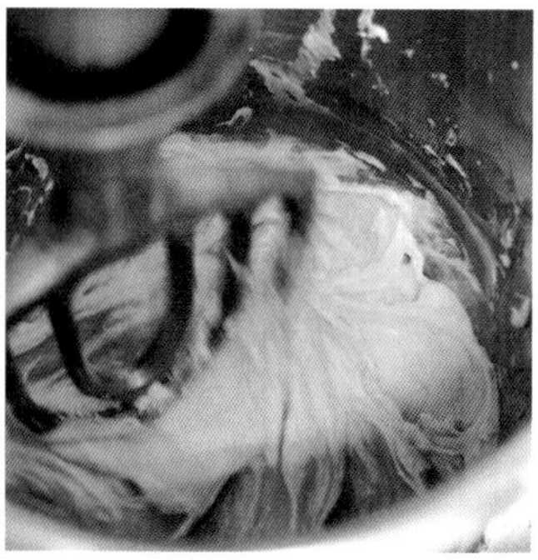

4 加入蛋黃後，變成奶黃色的基底。一直攪拌至整體均勻混合，變得有黏性的狀態。

5 加入麵粉一起打，使其均勻混合。至此我才想到，這與做水果塔的派皮在材料與步驟上完全相同嘛。

6 將麵皮從機器中取出，分小塊，以塑膠器具壓過一回。這個器具是李小姐自製的，經過這個器具壓整之後，就能做出大小一致的成品。

7

將揉成小球狀的餅皮桿平，再將鳳梨餡包進去，像是包湯圓一樣地將餡料置於中間，餅皮包覆住之後，再搓成圓球狀。

8

將包好餡料的球狀放進烤模中。這個作業有4、5個人一起動手，大家都已做得很習慣了，一邊聊天不知不覺就做完了。

9

要做核桃口味的鳳梨酥，因此在中心放上一塊核桃。一個烤盤可放7個×12排的量。

10

每一個都以像印章般的器具壓平。如此一來，鳳梨酥的形狀就完成了。

11

放進已預熱到170℃的烤箱之中，烤上30～40分鐘。

12

剛出爐的鳳梨酥要移到層架上去放涼，之後再一個一個用透明包裝袋裝起、販售。

購物

附近的住宅區中，
散落著
品味高雅的店家

正子小姐試穿了勃肯的小牛皮鞋。

鞋店

位於手天品附近，住宅區之中的時尚鞋店。勃肯鞋的品項豐富，據說《日日》的同伴們有次在這裡全都淪陷了。

飯店

這一區是台北新興的區域，
高樓大廈林立。
這回住的飯店
就在此區的一角。

HOME HOTEL

位於台北市信義區。多為商務客或是年輕情侶。裝潢使用富有台灣風格的材料是其特徵。

一樓的咖啡廳從早到晚都很熱鬧。

從房間的窗戶望出去，即可見台北最高的101大樓。

晚餐

由小曼帶路，來到這家客家料理餐廳。今晚是8人一起享用的熱鬧晚餐。

客家小路

位在從台北市中心約30分鐘車程距離，永和區智光街上的餐廳。老闆是客家人。裝潢時尚又有難得一見的料理，店內時常高朋滿座。

將鹹蛋混入炸衣的炸南瓜。

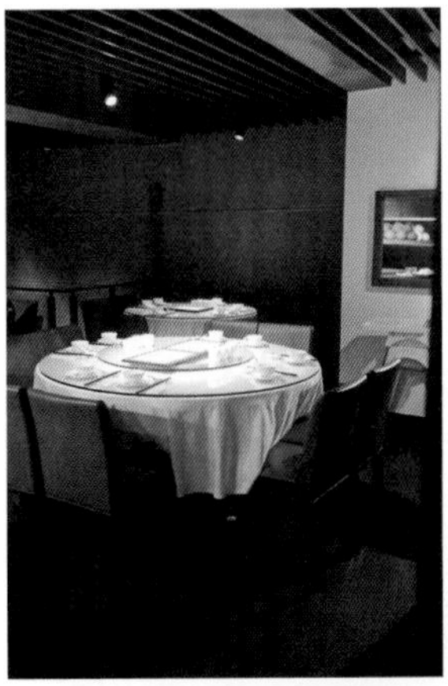

油雞切盤，有多種沾醬可以選擇。這裡有很多我至今未曾吃過的料理，這一夜讓我見識了台灣食文化之深奧。

庭園裡有個小缽，金魚悠游其中。

日記

文・攝影—伊藤正子　翻譯—王淑儀

好像有點凶的臉？

早餐簡單吃。

車站的看板很簡潔。

高鐵的票是明亮的橘色。

台北車站是陰天。

10月1日

早上，沖個澡梳理好，便吃了個只有拿鐵與水果的簡單早餐。旅行時跟大家在一起總會不小心吃太多，一個人吃飯的時候就盡可能輕便些，以調整身體的狀態。（話是這麼說，有時一個人也還是會吃過頭，所以想歸想，並不見得都能做到啊。）

今天要搭車移動到台南。台北車站裡四處都是要去旅行的人：提著行李袋或是旅行箱，熱熱鬧鬧，一臉開心的旅行團、要出遊的一家族人、一手拿著車票，難掩不安，望著發車時刻表的人……。不論是日本的東京車站、京都車站，美國紐約的中央車站等，空氣中充滿著即將出發的興奮感、有點坐立難安的氣氛，不論在哪個國家哪個地方的大車站裡似乎都一樣。

一邊確認車廂位置，我跟小貴兩個邊喊著要跑到車子的最前方去看看它的模樣。高橋小姐在後面叮嚀著我們不要錯過開車時間啊，就像是老師在喊著要出門去遠足而興奮不已的孩童般。這輛高鐵的「臉」看上去十分有菱有角，感覺是可以穿越風阻，快速向前衝的樣子。

為我們口譯兼導遊的潘小姐說，台灣高鐵是跟日本新幹線同樣的設計師設計的，難怪連內裝都跟日本新幹線有幾分相似，途中有好幾次我甚至有種自己在搭東海道新幹線要去京都的錯覺。

一到達台南車站，就被溫熱的空氣給包圍了，彷彿季節一下子就倒退回夏天。搭車前往市區的途中，經過了鳳梨田，此時剛好已採收完畢，只看得到刺刺的鳳梨葉，有點可惜，然而附近的店家裡剛採收的鳳梨堆得像座小山，還熱情地請我們試吃。我不經意地看見架上擺著有紅色蓋子的玻璃罐，裡面是裝有鳳梨與黃豆的醃漬物，聽說是用來跟肉類一起燉煮的調味料。我對它很感興趣，但旅行才剛要開始，讓我很猶豫是否該買這麼重的東西背在身上，突然高橋出聲說：「我要買這個」，不知該說是她對食物的興趣，果敢的性格還是積極的態度，總之我好喜歡這樣的她。

水平線的另一端是中國？

口感綿密的台灣香蕉。

剛剝去外殼的新鮮竹筍。

不時會遇見
令人眼睛為之一亮的用色。

帶小小狗出來散步。

雜貨屋的天花板。

包包店的店鳥。

品味出眾的展示窗與阿伯。

附近有個剝竹筍的作業場，我們也跑過去看。裡面的人對於我們突然的造訪不僅沒有感到厭煩，反而還展現了最棒的笑容歡迎我們，這就是台南的人們。潘小姐說，她學生時期有好多次來到台南旅行，「台南人真的都好友善，我來旅行時有好多次都受到他們的幫助或是親切對待。」（我們在這裡的期間也好多次親身體驗到潘小姐這句話的真實度）。

一抵達市區，我們去吃了台南知名的担仔麵，買了茶葉，參觀了製作包包的店。不知是不是因為離海很近，街上漂散著一種悠然又沉靜的氣氛。

途中發現一家門口超窄，僅容一人勉強擠身進去的咖啡館，高橋小姐問：「感覺滿有趣的，要不要進去看看？」於是我們爬上超陡的樓梯，一開門竟然是有著溫柔光線，舒適宜人的大空間。我們點了冰咖啡，邊享用邊在窗邊度過悠閒時光。我們的座位正好在風道上，讓我們興奮得發熱的身體得以安靜緩和下來。

晚餐前，我們決定要去看海，抵達時剛好是夕陽西下之際，看到了太陽沉入台南的海那一刻，令人的心都跟著沉靜。這麼說來，我才深深地感受到自己最近很久沒這麼悠閒了，旅行給人停下腳步的時間，所以我才這麼喜歡旅行。

回飯店稍作休息後，我們去吃晚飯。今晚要吃的是以美味的豬內臟料理聞名的阿明。阿明位於餐廳林立的街上，它卻是因為有很多人排隊而最明顯。我雖不喜歡排隊，但為了好吃的東西我可以排隊。等了許久，期待的料理終於上桌，一口吃下，馬上受到很大的衝擊。我至今吃過各個國家各式料理，但還是第一次吃到這麼新鮮、充滿能量的內臟料理。好吃，太好吃了！好吃到都捨不得把嘴巴拿來說話。剛剛我還在說什麼喜歡旅行帶給我休息的時間，現在連這種話都說不出來。在台灣的第二天，又是吃飽飽才睡。

台南第一天

鳳梨田

就在高鐵台南站旁邊，
有一大片鳳梨田。
鳳梨已經採收完畢，
下一次要到3月左右。
鳳梨田對面的店家販售著新鮮鳳梨。

體型較小的鳳梨就這麼一個疊一個地裝成一籠。

老闆切給我們試吃的鳳梨又
甜又香好好吃！
瓶裝的鳳梨與黃豆醃漬品，
用來作成調味料。

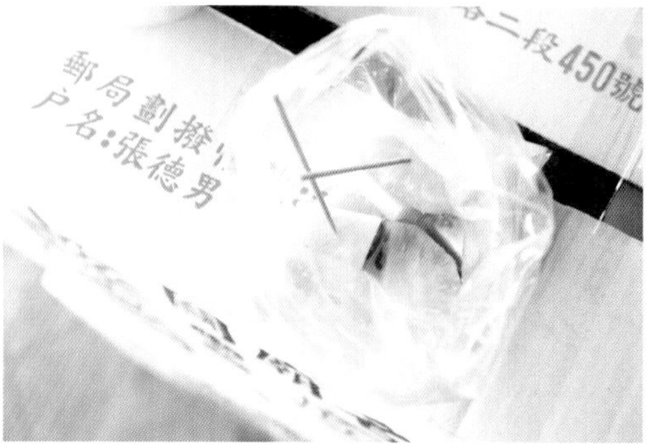

晚餐

說到台南
就一定會想到
担仔麵。
在台南的第一餐
便是這道台南名產。
就在店裡將麵燙過，
煮成一碗。

很小碗，所以好像可以多吃幾碗。味道比想像中來得更加溫和。

度小月

位於台南市中正路，是台南有名的担仔麵店。最近在台北等地也有了分店，這家是本店。

帆布包

在度小月的隔壁，
有家製作帆布包的店。
貼著磁磚的展示窗，
跟早年的日本很像，
令人懷念。

很隨興的展示？

作業中的員工。

永盛帆布行

位在「度小月」隔壁的老牌帆布包店。員工就在店裡製作，可以參觀，還滿有趣的。

老字號茶葉行

創業於1860年，
台南最老的茶葉行。
架上的老茶葉罐
述說著長年的歷史。
在這裡買了好喝的台灣茶。

老闆夫婦。太太包好的茶葉，先生蓋上朱印。

包好的茶葉蓋上朱印，藍色的印章是茶葉的名稱。

以如和紙般的厚紙，將茶葉完美地包起。

振發茶行

位在台南市民權路的百年老茶葉行。現在已傳到第五代（主業是牙科醫師），由太太主掌店的經營。

有歷史感的古老茶葉罐在架上整齊地排列著。

正子小姐試聞了幾款茶葉的香氣後，決定要買哪一款。

喝咖啡

在公園附近
發現一家有趣的咖啡館。
門口位於僅容一人通過的窄小巷子裡。
為了暫時逃離暑氣，
我們在這家咖啡館稍作休息。

窄門咖啡館

位於台南市南門路上。如其名，得要擠進窄門，走上二樓，眼界大開，懷舊的空間與大片的公園綠意就在眼前展開。

窗戶的另一邊即是公園的綠意。我們在此躲避熱帶的太陽。

懷舊又可愛的咖啡館裝潢。盡顯女老闆的好品味。

炒豬心和腰子，白色的是豬骨髓，所有的菜單都是豬內臟。

晚餐

客家小路的老闆推薦，
來台南必吃的店家。
在這家豬內臟料理的小店
排了30分鐘以上的隊才吃到晚餐，
但是店裡飄出來的美味氣息，
勾人食欲，即使排隊也還是願意等待。

阿明

位在台南市中西區。「阿明的店」已成了我們之間的暗號。在這裡吃了豬心、腰子、骨髓。

甜點

點心吃了杏仁豆腐。
配料種類繁多，
讓人煩惱該如何選擇。

那個年代

阿明對面的杏仁豆腐店。配料的種類非常多，將近有20種，不知道該如何選擇。

日記

文・攝影—伊藤正子　翻譯—王淑儀

樹根在地面上盤根錯結。

飯店的浴缸。

南方的街道很適合這種顏色。

長期使用的蒸籠內側。

市場發現的花，香氣濃郁。

10月2日

早上五點，在小鳥的啾啾聲中醒來。先泡了個熱水澡，再到陽台上喝杯茶。此時太陽才剛升起，人車都還沒有上街，安靜的早晨是一天當中我最喜歡的時段。離早餐還有段時間，我先在床上慵懶地讀本書，再泡一次澡，從水已稍溫的浴缸中緩緩起身時，已可以聽見樓下在準備盤子、餐具的碰撞聲響，再等一下就可以去喝杯咖啡了吧。

今天的採訪行程滿滿，還有很多想去、想拍的地方，會是相當忙碌的一天。走在台南的街道上，發現會有一種懷舊的心情，原來是這兒有很多老舊的建築物。就連我們所居住的飯店也是將老屋整理得溫馨舒適。因為是木門隔間，可以稍微感受到隔壁房裡的人的氣息，說是「飯店」，我想稱之為「出租公寓」可能還更貼切一些。

第一站我們拜訪了木工李先生的工作室「木子到森」。一樓是藝廊、二樓是民宿，三樓為住家，四樓則是放置木工機械、材料的工作室所在。建築本身雖老舊，然而每個空間都保留著老屋的氣息，並適當地整理裝潢，讓人不禁想讚嘆他的好品味。在走向四樓工作室的途中，正好與身懷六甲的李太太擦身而過，她下樓時忍不住提醒我們：「樓梯很陡，你們要小心啊，我自己也走得很害怕呢。」看到她大腹便便還要在這樣狹窄又陡的樓梯上上下下，的確很難不令人擔心吶。藝廊裡除了李先生的作品之外，也展示了其他創作家朋友的作品。他說也有很多像他一樣因為喜歡台南，而從其他地方移居到此的藝術家，彼此也很常交換些訊息。在我們要離開之前，他還拿了一本介紹台南藝廊、咖啡館的小冊子給我們，裡面的照片拍攝手法、排版都很有設計感，相信一定有很多人會拿著它在台南四處走走逛逛，說不定他們也是這樣讀著《日日》中文版，突然有種心靈相通的感覺。

一進廟裡先參拜。

木子到森的客廳。

大量的鞋盒排成一面牆，
很有新鮮感。

日正當中的街道，很熱鬧。

這個竟然是一人份的冰！
分量大得驚人。

B.B.ART 隔壁的樂器行老闆。

高聳參天的德記洋行。

與綠意融為一體的孔廟的牆壁。

另一位讓我們一定要拜訪的台南人是製作蒸籠的榮先生。上回來台才知道原來現今台灣家庭已經很少有人使用蒸籠了，這個事實太令我感到驚訝。聽說榮先生的客人也確實很少是來自一般家庭，絕大多數都是餐廳店家來買生財用具。我們來訪的那一天，他正在修理店家送修的蒸籠，以新的木材修補損傷的部分，反覆補強。但我們一看那蒸籠，與其說是用到極限，「破破爛爛」可能更貼切。然而在榮先生的巧手之下，漸漸有了新生命。我忍不住想，既然有這樣厲害的專家可以修理，一般家庭也應該多多使用蒸籠才對，然而又想到路上這麼多便宜又美味的攤販，也難怪大家不常煮飯了……。我忍不住邊思考著台灣蒸籠存在的意義，邊想著它將來的發展。

這一天我們還走訪了昨天從窄門咖啡館看到的孔廟、飯店附近的市場、位於海邊的安平樹屋等，忙著繞了台南市中心一圈。

傍晚與從台北下來的小曼會合。因為她很想介紹我們認識一位藝廊老闆，便帶我們一行人去了沿海邊建造的餐廳。這家以海鮮料理為主的海之味海產最令人印象深刻的就是放了滿滿干貝、蟹肉的海鮮粥，撒了芹菜與白胡椒的這道粥品吃來竟有點西洋味，感覺有點像是較溼的燉飯。

回飯店前，我們繞去藝廊稍微參觀了一下。這間位於台南市中心的B.B. ART，門口看起來很小，走進去竟是難以想像的寬敞、深入。據說台南常舉辦各種市集、展覽，支持這些藝術家，小曼說她在台南的藝術家、藝廊老闆的圈子裡頗為有名。

台南是個既古老又新穎的城市，還覺得有些意猶未盡，只是明天我們得移動到台中去了。

台南第二天

孔廟

1665年設立，
亦曾是台灣最早的學堂，
現在則成為觀光客、
市民休憩的場所。
赭紅的建物與鮮綠的樹群，
在熱帶的陽光下
構成美麗的對比。

台南市中西區南門路

進入孔廟內部需買門票，不過就算只在外面觀看也很夠欣賞它的美。周邊的街道樹木林立，十分漂亮。

年輕藝術家的工作室

台南市是殘存著古老街道，空氣中漂蕩著懷舊感的地方。最近也有越來越多的年輕藝術家把這裡當作他們的創作活動據點。這次我們造訪了其中一位。

木子到森

位於台南市府前路。將四樓建築的老公寓整理成兼具工作室、展示空間、民宿及住家。利用廢木材等製作成作品來展示、販售。

將廢棄的台灣檜木等材料再利用，製作成玩具、擺飾、器物等。這裡是工作室外的陽台。

一樓是展示空間，每個房間都有作品裝飾。

一樓的展示空間，正展出各式作品。

位在四樓的工作室，員工正在製作中。

市場

在台灣，每個地區都有市場。
我們於台南居住的飯店旁邊就有一個。
每到市場眼睛都會發出亮光，
是因為我們是根深蒂固的愛吃鬼嗎？
在這裡看到了少見的蔬菜及鮮花，
可是旅行才剛開始，
得要忍忍不能一下就狂購物啊！

一直沿伸到後方的市場，從一大早就很熱鬧。

黑色、飛鏢形狀的神奇蔬菜。

火龍果鮮豔的紅色是南國的象徵。

這綠色的水果對我至今仍是個謎。

蒸籠

燒賣、小籠包
剛蒸起時，又熱又香，
讓人忍不住一口接一口的好吃！
蒸熟這些小點的是由
木材與竹子所製成的器具——蒸籠，
我們聽說台南
有位長年製作蒸籠的老伯，
就決定要去拜訪他的店。

久泰蒸籠店

位在台南市公園北路。店主是來自福建省的第四代，至今仍是一個人一雙手獨自編製著蒸籠、飯桶等器具。「現今的家庭已漸漸少有人會使用蒸籠了。」說完便默默地修理手上的那個蒸籠。

正在修理大蒸籠。據說是餐廳的生財工具。

將削得很薄的木材，放進圓框中補強，看到它最後一寸完美地貼合在舊圓框中，令人感動。

老伯跟我們的語言雖不通，但仍然十分努力地向伊藤正子說明蒸籠的好用之處。

午餐

搭車在台南街上走，
常會看到寫有「虱目魚」三個字的招牌。
有著「虱目」的魚？
這究竟是什麼樣的魚呢？我們很好奇。
聽說虱目魚粥很有名，
還是今天的午餐就來吃吃看囉。

虱目魚是白肉、味道清淡的魚，在台灣很常見。
魚刺都已清除乾淨，很好入口。

阿憨鹹粥

位於台南市。店家是多位精神奕奕的阿姨們，盛粥、端送。店裡是像火車候車室般的空間。

剛煮好的虱目魚裝成一鍋，就擺在煮粥的鍋旁邊。

好幾個鍋，裡面裝著不同種類的粥。

上頭點綴著紅豆的是刨冰還是冰砂？

刨冰

很像是小時候，
鎮上的賣糖果兼賣冰棒的店。
口感介於冰淇淋與冰砂之間，
簡單又令人懷念的味道。

一二三冰店

位在台南市開元路，隱身於住宅區中，可能不太好找。

也有這種令人懷念的古早味冰棒。

榕樹覆頂的房子。在熱帶的驕陽之下，榕樹長得如森林般茂密。

海邊小鎮

台南市面對著台灣海峽，
好幾百年前，
從海的那邊不斷有人上岸，
最早來的是荷蘭人。
海邊的街道上，
當年荷蘭人所建造的城堡
只留下斷垣殘壁。
之後，英國人來了，留下了經商會館。
這裡是充滿異國風情、
留下歷史殘影的海邊小鎮。

過去曾是英國的商館和銀行的建築，現在則是台灣開拓史料館。

安平樹屋

位於台南市安平區。原本是德記洋行的倉庫，現已成了廢棄的小屋，被榕樹占據。過去是英國的銀行、商館、工藝展示場等，多元用途、供人參觀的設施。

長年棄置的倉庫，屋頂已腐朽掉落，現在則是由榕樹覆蓋，成了它的天花板與牆壁。

榕樹的樹蔭下，涼風
吹來。它下垂的氣根
也隨風搖曳。

晚餐

從台北下來的
小曼抵達！
我們加上小曼
與她的友人藝廊老闆
共八人，
晚餐來吃滿桌的海鮮料理。

海之味海產

位於台南市，可以吃到蝦子、螃蟹等海鮮的店，似乎也是台南仕紳們的交誼場所。小曼的朋友，B.B.ART的老闆也來打招呼。

小曼說現在正是螃蟹的季節。我們點的這個很像是梭子蟹，飽滿的蟹膏蟹黃，十分美味。

爽脆的炒野蔬，吃起來的口感與味道很像日本的芋莖。

飯店

這次在台南住了兩晚的飯店
是位於一般住宅密集的
小巷子底的小小旅館。
從房間裡往外一望，
可見到歐巴桑們
站在路邊
與人聊天、
在路旁煮飯，
讓我們一窺
台南人的
日常生活一景。

有方公寓

位於台南市中西區，古老的住宅區之中。從窗戶往外望，可以看見台南人的生活即景，十分有趣。

一樓是吃早餐的地方，也可以自由悠閒使用空間。

早餐組合。麵包、咖啡或紅茶。

二樓的客廳，這裡有冰箱，可以將自己的名字寫在飲料杯子上，放進裡面冷藏。

藝廊

晚餐之後我們去拜訪了一間藝廊，
老闆是小曼的朋友。
這間藝廊設在80年老屋重建的空間裡，
聽說過去這裡是美軍相關的社交場所，
現今則成為了附設咖啡店的時髦藝廊，
可欣賞到現代藝術。

右邊為小曼，左邊則為藝廊老闆。

B.B.ART

位在台南市民權路，由80年前的建物改裝的藝廊兼咖啡店。美軍占領時代是美軍相關的社交場所。

三樓的展示空間，過去是舞廳，吊掛在天花板中央的是由鴨子羽毛做成的藝術品。

日記

文‧攝影—伊藤正子　翻譯—王淑儀

還有點溫溫的。

在高鐵上吃肉粽。

今天也是好天氣。

像是甜甜圈的點心。

潔白如新的廚房。

10月3日

早上，與小曼會合後，她帶著我們去拜訪一間點心鋪。點心鋪的展示櫃面對路面，整齊擺放著一口大小的烘焙點心。做這些點心的是高齡79歲的老闆。聽說他平常就在店後方的廚房裡一個人默默地烤著點心，今天早上不知道是有時間還是因為心情好，竟然邀請我們說：「要不要看看我的廚房？」他帶我們去參觀的廚房雖老舊卻非常乾淨，烤箱、作業台都已用了許多年，製作點心的工具如擠花嘴、調理盆、鍋子等的數量都是最低限度，且十分潔淨。店頭販售的作業則是由太太負責，她身穿著鮮亮的黑與粉紅圖樣的洋裝，在店裡十分搶眼。

小曼說：「對面賣的粽子也很好吃喲。」於是我們決定要買幾顆粽子在前往台中的高鐵上吃。一坐上高鐵，車子開動之後就是點心時間，就像是要去遠足的心情。我們抵達台中，小曼原車直達台北。

潘小姐說：「這裡是我的地盤，讓我來帶路吧！」首先帶我們去的是埔里的一家小餐管「方正谷」。在面海的台南有很多賣海鮮的店，而群山環繞的埔里則是有很多店賣著山菜或是只在這裡出現的野菜。原來還有這麼多從未吃過的珍奇野菜一一登場！

特別讓我印象深刻的是在皮蛋豆腐上撒著一種叫「育苗」的菜，帶有馬蜂橘的香氣與山椒的刺激混合而成不可思議的口感，卻讓人一吃就上癮。我們不斷驚呼「第一次吃到這種味道！」、「好好吃！」，於是店家的人拿了還沒切碎之前的葉子來給我們看，我拿了一片大口咬下，很快地香氣就在嘴裡擴散開來。

在方正谷吃飽喝足之後，我們才坐進車裡，潘小姐就介紹說：「這裡是紹興酒的故鄉」，附近有紹興酒廠以及附設直營店，問我們「要不要去看一下？」在台灣吃飯必點紹興酒的我當然說要！

原來這裡是紹興酒的故鄉啊，酒廠不知道長什麼樣，當我在還期待之時竟然就已抵

不時可見的台灣傳統圖樣。

第一次見到茶花。

令人難忘的味道。

我老了之後
也想要穿這種顏色的衣服。

在竹籠工作室看見的彩色綁線。

剛採收的新鮮茶葉。

顏晴玉的泡茶工具組。

為了拍老闆娘而半蹲的小貴。

達了。原來是個很像在賣伴手禮的觀光景點。潘小姐說來這裡一定要吃紹興酒冰，我一邊想著如果是在日本一定會做成紹興酒冰淇淋，一邊咬下一口，口感是冰冰涼涼像是在吃冰棒，紹興酒的香氣緩緩在口中蔓延，好好吃。接著試喝了幾款紹興酒後，買了一瓶最有印象的十年陳紹。

接著便是搭了近一個小時的車前往山中的茶園。

茶園主人是陳冠正、顏晴玉夫婦，栽種著無農藥茶葉，小曼的店裡可以買到的白茶便是產自這個茶園。

先在如高速公路般的大路行駛了一陣子之後，車子便轉進山路裡。說是山路，卻是一條非常非常小的路，若不是對自己的駕駛功力有一定信心的人恐怕不敢開進去吧。車道的一邊是很陡的斜坡，要是一個不小心方向盤沒抓好恐怕就會出大事了。我不禁在心中不安地喊著這種地方會有茶園嗎？突然視野大開，我們便抵達了。

在前來的途中也經過了幾座茶園，然而這裡與其他茶園的樣子完全不同，具體而言應該可說是更自然、自由地生長，但這裡竟然距陳先生家所在的埔里鎮需開車一個小時以上！我問說那要來到這裡不是很辛苦嗎？他們答說：「因為是盡可能讓茶樹自然生長，所以不太需要常常上山來。」陳氏夫婦說他們本來也跟其他茶農一樣會使用農藥，但是14年前的九二一大地震之後，來這茶園的道路斷了，他們雖然擔心茶園裡的狀況，但一直要到好幾過月，道路搶通之後才能上山來，一看，發現茶樹自己長得很好。「原來我們不必做很多，茶樹就能自己生長，從此就想可以不使用農藥，讓它隨自然去長吧。」陳先生爽朗地笑著這麼回答。

邊眺望茶園邊喝的茶，就像是一陣清爽的涼風吹過，順暢地滑進喉嚨，一瞬間淨化了我們的身體。

老夫妻的點心鋪

與小曼一起在台南街上逛逛。
她帶我們到一間她推薦的點心鋪
一看到在玻璃窗旁
可愛的餅乾整齊疊放的模樣
就已讓人心花怒放。
79歲的老闆默默地做著餅乾，
穿著漂亮洋裝的老闆娘
則坐在店裡負責銷售，
他們已經這樣合作無間地
走過好幾十年了吧。

要選哪個好？猶豫不決的小曼與正子。

在店門口拍張紀念照。老夫妻顯得有些緊張，與笑容滿面的伊藤正子、小曼構成一張令人印象深刻的畫面。

新裕珍餅鋪

位於台南市中西區，79歲的老闆每天烘烤餅乾，讓76歲的老闆娘販售。簡單而傳統的餅乾。溫馨的點心鋪。

一早就開始持續烤著點心的老闆。在作業台上擠出的小麵團好可愛。接著就要送進烤箱裡了。

粽子

在高鐵上吃粽子！
雖然因為種類繁多，
一時不知該如何選擇，
最後還是買了
剛蒸熟的肉粽，
奔向高鐵。

高鐵月台上的標示很簡潔，從台南發車前往台北，途中僅停六站，到台中大約是一個多小時的旅程。

再發號

位於台南市民權區，點心舖對面的粽子老店。除了在台南市裡開店，在台北也有分店，是粽子專賣店。

午餐

在前往山中茶園的途中，
我們在埔里這個小鎮吃午餐。
這裡是台中出身的
潘小姐會與家人來吃的店，
所以我們就將
點菜的工作
完全交付給她。

好幾道難得一見的蔬菜上桌。

混合了馬蜂橘與山椒香氣的蔬菜，令人印象深刻。

方正谷

從台中往山上走約一個小時，到達埔里小鎮上的這家小店，地方特色小菜是他們家的一大賣點。

位於標高1400公尺的茶園風光。
為一盆地地形，四周高山峰峰相連。

無農藥的茶園

「這裡是無農藥栽培的茶園，
但實在是太遠了，
光是來到此地就花去半天。」潘小姐說。
一離開市區，車子開進一條
沿著山開設的小路，搖搖晃晃地，
我們的身體也跟著上上下下。
「就算車子滾下山，
我覺得應該還是會有人來救。」
伊藤正子喃喃。
在正子的正向思考鼓勵之下，
我們終於抵達海拔１４００ｍ高的茶園。
在霧氣流動的美麗風景之中，
讓人好放鬆。

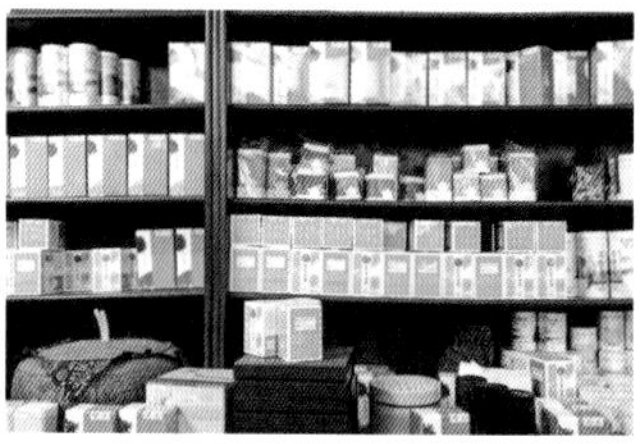

碧廬茗茶

位於南投縣埔里鄉，加工、販售自家山中茶園栽種的無農藥茶葉的茶舖。少見的紫色茶葉（紫芽山茶）有著紅茶般的香氣。

自然栽種的茶葉香氣非常棒。

陳氏夫妻。穩重厚道的先生與堅毅能幹的太太。

茶園陳老闆的太太為我
們沏茶。

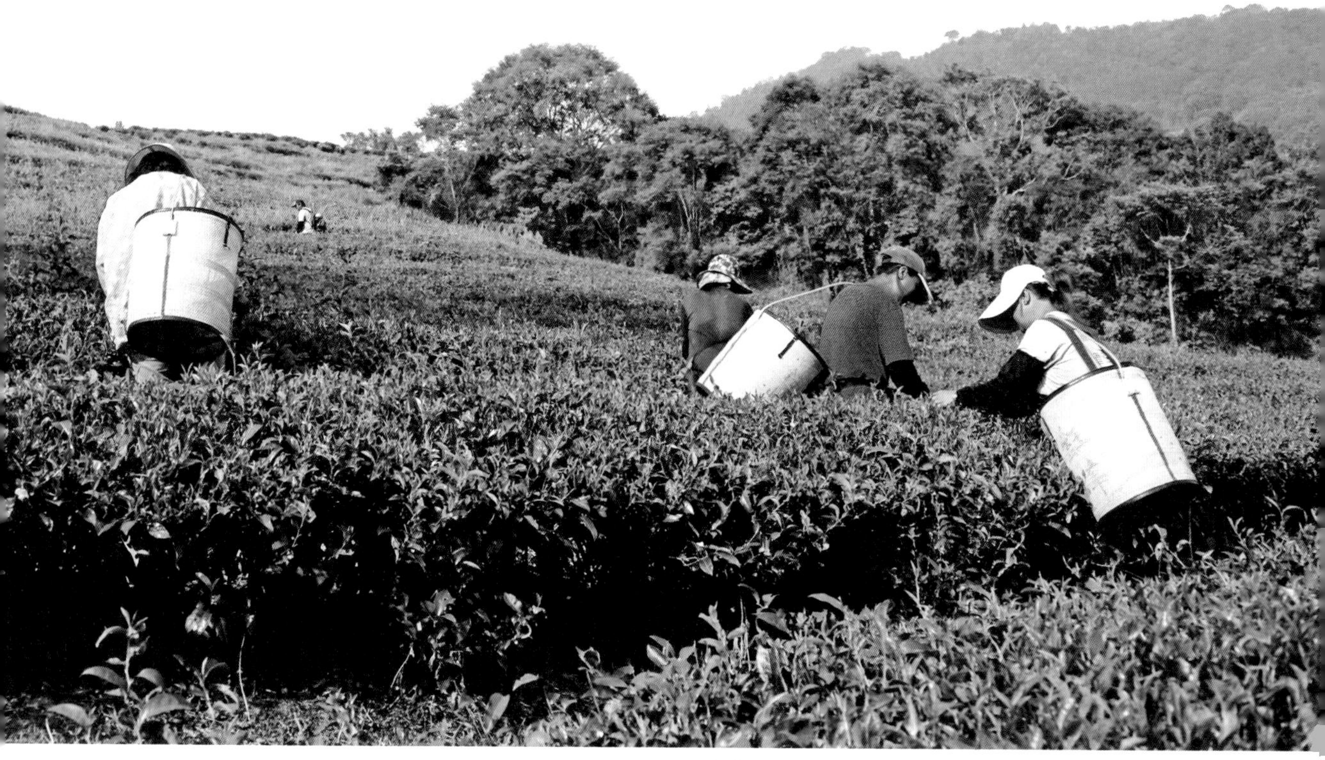

在茶園裡採茶的聽說是台灣的原住民。徒手快速地摘採新芽。

剛採收的茶葉散發著
清新的香氣。

茶樹開花了，白皙可
愛的花朵。

剛採下來的茶葉要攤放在竹篩上讓它乾燥到一定的程度。

山中的小屋裡層層放著攤開茶葉的竹篩，在製茶的季節，老闆都會住在山上。

茶葉放進滾筒中轉動，使其乾燥。

日記

文・攝影—伊藤正子　翻譯—王淑儀

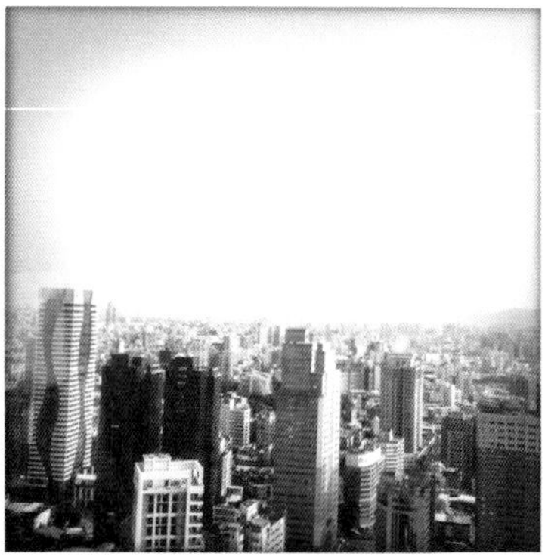

從飯店窗戶看出去的風景•1

從飯店窗戶看出去的風景•2

這些都是包裝用的緞帶。

宮原眼科的架上陳列。

據說這是原本眼科
實際在使用的抽屜櫃。

10月4日

昨天晚上也許是因為一路上車子開得流暢順利（?）我們坐車也坐得好累，一抵達飯店房間，沾上床就馬上沉沉地睡去。一早醒來，打開窗簾往外看，眼前竟然是高樓林立的大都會!?昨天還在山中茶園，很晚才回到台中市內，對於台中的街景完全沒有概念，看到眼前景色，才大驚，台中原來是這樣的一個地方啊！

潘小姐將保留著老街景色的台南比喻為日本的京都，而台中則像是名古屋，嗯~原來如此。這麼說來，從房間看出去的景色真的讓我想起最近因為工作而去了一趟名古屋，從那裡的飯店窗戶往外看的街景還真有幾分相似。

台中採訪的重點是去走訪陳先生的茶園。聽說昨天因為天氣好，在茶園拍照取景非常順利，讓高橋鬆了一口氣。啊，對耶，要是昨天下雨了，別說是在茶園裡泡茶，就連車子能否順利抵達茶園都會有問題。除了我這個樂觀的晴天女完全沒在擔心會下雨之外，其他人對於能否順利拍攝全都懸著一顆心。只有我一個人這麼悠哉真是太對不起了，我忍不住反省了一下。

今天是從台中往台北移動的日子。潘小姐因為要去日本出差，所以由她的後輩蜜柑（她說因為是椎名林檎的粉絲，想要取個一樣是水果的名字，所以用了「蜜柑」這個名字，好可愛！）來接替她，為我們翻譯及帶路。

我們在飯店大廳與蜜柑會合，在高鐵出發之前還有些時間，於是決定到台中市區去逛逛。

有個地方我們很想去，是位於台中市區裡的點心店，聽到它的店名為「宮原眼科」的那一瞬間，真的被嚇了一大跳（是因為利用了原本是眼科醫院的建築改造的店面嗎？）聽說是老醫院，還以為會是陰暗厚重的建物，沒想到卻是天花板挑高、店內寬敞，且將眼科時代的老櫃子拿來應用，裝潢品味絕佳的時尚店家。

高鐵的窗外是一片
悠閒的風景。

啊！那裡也有賣太陽餅的店。

在等待包裝的時間，
逛逛店裡。

喝杯涼茶，休息一下。

回到台北了。

希望下次來台中
可以有更多時間逛逛。

剛炸起來現賣的甜甜圈。

台中的街角。

包裝的設計、包裝紙、緞帶等等，整體包裝十分有設計感，難怪讓人很想買回去當伴手禮，我看著在收銀台前等待的觀光客（明明自己也是觀光客好嗎？）突然都懂了。小貴說比起裡面的點心，她更想要盒子，所以她為了盒子（而非包裝）而買了。我則是後天回到日本馬上就跟人有約，所以買了三盒水飴與堅果做的點心。店員問我：「要打上蝴蝶結嗎？」我說好，她回答一個要3元。咦！那不就才30日圓？太便宜了吧！我興奮地依外包裝選擇搭配了粉紅、黃色與綠色的寬版緞帶。

經過太陽餅店，蜜柑介紹說：「台灣有名的太陽餅是從台中發祥的喲！」我們才剛買了點心，但難得都來了，還是請她帶我們去最老的店。據說台中有很多家賣太陽餅的店，且每家都說自己是「創始」、「發祥」，原來不管哪個國家，店家的宣傳想法都是一樣的啊。太陽餅是外面有很多層爽脆餅皮，中間包著綿密餡料的點心，蜜柑說：「以前我們在學校家政課也學過做太陽餅，那時才知道原來一塊餅要用那麼多豬油，真是太嚇人了啊！」雖然被這麼恐嚇，但是我對於沒吃過的東西，有機會一定得要試吃一下，結果又再買了兩盒，一盒自用一盒送人。

接著我們就抱著因裝滿點心而沉甸甸的行李，搭高鐵返回台北。

一抵達台北車站，不知為何竟然有種回到出身地的安心感。先去飯店放好行李之後，馬上就出門去我最喜歡的店吃午餐。這家「蘇杭」是我女兒說「我最喜歡這家的小籠包！」的店。雖然店面很小，但是他的炒餅、炸銀絲捲、牛肉麵……不管點哪一道菜全都好吃。我們是過了中午用餐時間才來，店裡的一角，員工們正在用餐，感覺很溫馨。（還有他們的員工餐看起來也好好吃！）

之後我們去了小曼的工作室喝茶，回飯店稍作休息，晚上跟去年來採訪時幫了很多忙的王小姐以及小器的江小姐一起吃晚餐。喝了令人全身舒暢的湯，帶著滿滿的幸福進入夢鄉。對於明天要回日本，一點真實感都沒有。

台中亞緻大飯店
位於台中市西區，高樓層的現代大型飯店。從我住的41樓房間窗戶望出去，
可以將整個台中市盡收眼底。這張照片是從廣瀨小姐位於27樓的房間照的。

宮原眼科　1927

位在台中市中區，是以起司蛋糕、鳳梨酥聞名的「日出」的第五家分店。

宮原眼科

日治時代的
眼科醫院建物改裝而成的
時尚點心店。
因高朋滿座而熱鬧非凡的店裡
走的是歐風的裝潢。
包裝紙、緞帶的色彩繁多又美麗，
讓人心花怒放。

抬頭望向天花板，可見陽光透過美麗的花紋灑進屋裡。

太陽餅

說著台灣的伴手禮，
點心類最具代表性的
就是太陽餅。
據說其發源地
就是位在台中的餅店。
酥酥脆脆的餅皮
據說用的不是奶油
而是豬油。

阿明師老店

位在台中市，是台灣代表性點心之一的太陽餅創始店。

小曼的茶

回到台北，就想喝小曼泡的茶。
不論喝過多少次，
都還是會對小曼美麗的泡茶動作以及好喝的茶深深感動。
這一天，正子的朋友廣子
以及在台北的花藝個展剛結束的上野雄次也一起，
來喝美味的茶。

小曼泡茶的模樣。

小曼帶我們去她開設料理教室的地方。

從右邊開始，（背對鏡頭的）正子、上野雄次、廣子、小曼。

午餐

上回的台灣之旅最後一天，
小曼帶我們來吃這家小籠包很好吃的店。
因為實在太想念了，
這次又來。

伊藤正子正往店裡看。「好像沒位子耶。」

店裡員工正在製作豆沙包。

蘇杭點心店

位於台北市，吃起來像是炸麵包的包餡點心非常好吃的中式點心專賣店。可外帶。

前菜是涼拌小黃瓜及茄子。茄子比小黃瓜還細。

外酥內軟的炸銀絲捲非常好吃！邊喊著肚子好飽邊又忍不住伸手再拿一塊。

晚餐

與上回造訪台北時，
教我包粽子的王小姐見面。
江小姐、蜜柑、王小姐，
加上我們三人，
點了一盅佛跳牆。

明福台菜海產

位在台北市，以新鮮魚貝料理聞名的海鮮餐廳。佛跳牆也十分受歡迎。

口感清脆的美味蔬菜，只是簡單地清炒就可上桌。

佛跳牆裡的食材包含了多種的內臟，雞睪丸吃起來像白子（魚類的精巢）。

日記

文・攝影—伊藤正子　翻譯—王淑儀

在迪化街遇到的狗狗。水汪汪的大眼惹人憐愛。

窯裡正烤著要配豆漿的燒餅。

在市場角落裡
以麵團烤出薄薄餅皮的歐巴桑。

市場上可見各式蔬菜排列成堆，
不能買回去真是太遺憾了。

每次在台灣看到這種花色
總覺得很新鮮。

10月5日

今天早上要去小貴讚不絕口：「超～級好吃」的豆漿店吃早餐。這麼說來，去年跟女兒來台旅行時，途中從日本來與我們會合的朋友們也說她們去了這家店。蜜柑也說：「啊，那家豆漿店我也很喜歡，只是每到假日就會有很多人，所以我都是平常日去。」既然如此，就邀蜜柑一起，我們三人一塊兒去。大概是遇上星期六吧，店外已大排長龍，不過蜜柑安慰我們說吃這個很快，大概等個30分鐘應該就吃得到了，於是我們還是決定相信她的話，走向人龍尾端開始排隊。

究竟早餐吃鹹豆漿是怎麼一回事呢？要怎麼吃？我忍不住好奇問她們兩位，「嗯，就是吃起來滑滑嫩嫩的，大概是介於很柔的嫩豆腐與豆漿之間的口感吧。」然後再將配剛出爐的燒餅，或是將現炸的油條，泡在豆漿裡一起吃。

排了一陣子終於輪到我們，趕緊嘗一口，咕嚕喝下……啊，原來如此，大豆的香氣很快擴散開來，通過鼻腔之後緊接著是緩而溫和的美味湧出，喝下肚後感覺全身都暖暖的，真的很適合當早餐。

吃早餐花了較多的時間，我們趕緊回到飯店收拾行李。不過好在行李箱的空間還很多。昨天我去了飯店附近的Rimowa買了新的行李箱。舊的那個鋁鎂合金的槓桿鎖零件已經壞掉，這次的旅行我就已有打算要買個同尺寸大小，使用較輕的聚碳酸酯（Polycarbonate）材質的行李箱，出發前小貴提醒我：「去台灣買應該會比較便宜。」

於是我想趁拍攝的空檔去買行李箱，才說完，高橋也喊著：「咦！我也想去。」我已事先決定好要買紅色的，高橋與小貴則是買了小型的登機箱，在國內旅行很好用。結果我們竟然一人買了一個（！）回來。高橋興奮地說：「本來以為想要旅行的心情已大大滿足了，但買了這個，又馬上湧起要去哪裡玩的欲望！」沒錯沒錯，我們再找機會來台灣玩吧！大家你一言我一語的。

我們的新行李箱。

風味獨特
讓人一吃就上癮的龍眼乾。

蝦米也分好多種。

靈芝？

我們會再來的！
暫時跟台北說再見。

想買冬粉回去
但是太佔空間只好放棄。

黑木耳與白木耳？

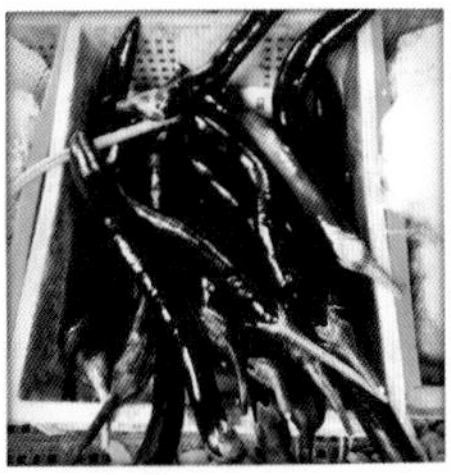

色彩鮮豔的瘦長茄子。

最後我們來到南北貨批發街——迪化街。

最後一天要採買食材已是我們之間的默契。為了可以在家裡重溫台灣的美味，我想買蝦米、干貝、香菇乾、木耳、水果乾等等。因為已經來過很多次，早已有了這個要去這家店買，那個要去那家買的採購地圖，時間所剩無幾，便快速地走一圈。干貝泡開來可煮粥，香菇乾、木耳要一塊炒……這兒買的食材已成為我家餐桌上不可或缺的美味。

我一直覺得最能讓高橋眼睛發出亮光的就是這樣的食材行或市場。每當她見到食材，想要做的料理就已浮現在腦海裡。回到日本，拿出在這裡買的這些食材做菜，舉辦台灣料理會！啊，一定會很有趣。

雖然班機的時間已快到，中午當然還是想吃好料的。蜜柑帶我們去一家以小籠包聞名的店——濟南鮮。

這裡的小籠包當然沒話說，但是以餅皮將煮得柔軟入味的牛腱肉包起（沾甜麵醬吃）的牛肉捲餅、長時間熬煮，燉出雞肉精華的雞湯也令人印象深刻，不過最讓我喜歡的是涼拌木耳，木耳爽脆的口感加上切得細細的薑絲、香菜一起涼拌，很清爽的一道小菜。我剛才也在迪化街買了木耳，回到日本一定要馬上來做做看。

將塞滿食材的行李箱推進車子，我們趕緊去了機場。這次的6天5夜之旅，我們遇到好多人，去了好多地方，不斷吃著好吃的東西。之後應該很快就能再見到小曼、江小姐、潘小姐與蜜柑。不論是在台灣也好在日本也好，只要想見，總有一天一定會實現。這樣的心情縮短了我們彼此之間的距離。再見！台灣；謝謝！台灣。

在批發街採買

迪化街我們上回也曾來逛，
很讓人喜歡的老街，
整條街都是販賣著台菜料理食材的南北乾貨行，
引人入勝。
正子踩著像是在逛自家後院般
熟悉的腳步，
直奔想去的店家。

迪化街

殘留著清朝時期的建物，台北市內最老的街區。整條街都是販賣乾貨、漢藥材、糖果、廚房用具等等的店家。

市場裡有人正烤著類似米粉可樂餅般的餅皮，究竟會怎麼吃呢？令人好奇。

干貝也有大小不同的尺寸等級，價格也因此不同。

蝦米的種類豐富，令人目不暇給，最後買了小小、白色的蝦皮及櫻花蝦、蝦米三種。

正子踩著熟悉的步伐，在這個街上邊問邊買。戰利品不少。

豆漿有鹹的跟甜的兩種，因為是早餐，我選鹹的。

燒餅是在店裡的爐子現烤的。

早餐

「我們去吃那
有點像是粥般綿密，
奇特但好吃的鹹豆漿吧！」
正子與攝影師廣瀨貴子
提議道。
不敢喝豆漿的高橋
就去吃別的東西。
這是我們第一次兵分兩路
去吃的早餐。

油條吃起來像是炸過的麩。泡在豆漿裡很好吃。

阜杭豆漿

位在台北市忠孝東路上。豆漿在日本被稱為「豆乳」。台北人道地的早餐是將油條泡在鹹豆漿一起吃。

小籠包不管吃幾次都覺得好吃。每家店都有些許不同，吃起來更覺得有趣。還點了涼拌木耳與炒青菜。

午餐

在台灣最後一頓飯，
還是來吃美味的小籠包。
在蜜柑的帶路之下
來到一家又是排隊名店。
雖然有點擔心搭機時間會不夠，
但還是好好地吃了一頓。

濟南鮮

位於台北市內，它的小籠包好吃沒話說，涼拌木耳跟雞湯也好好吃，讓我們此次在台灣的最後一頓飯有了完美的句點。

伴手禮

一回到日本，街上已被桂花的香氣給包圍著，才離開六天，季節已完全轉換到了秋天。飛機才剛著陸，不知道大家是不是因為抓準了我回國的時間，工作的電話、電郵就一個接一個來，忙碌的日子又緊接而來。隔天早上，一打開行李箱，自己也嚇了一大跳，咦！我竟然買了這麼多食材!?上回的台灣之旅已經買了中國茶具、竹簍、飯桶、刨絲器等廚房用具跟雜貨，那部分的需求已被滿足，因此這回採購的物品是以食材為主。「雖然如此，買這麼多也未免……」連女兒也驚呆了，不過別擔心，我早已決定它們的去處。

一回來就要見的人，我送他們台南阿伯烤的點心或是台中宮原眼科的盒裝甜點。老伯的烤點心是全部裝成一大盒，因此我將它們分裝成小袋，送給不同人；干貝等乾貨則分給喜歡做料理的朋友；油漬綜合菇送給一個人住的友人，茶葉則是給住在外國的朋友。

比想像中更受大家歡迎的是以台灣食材做的午餐：台中紹興酒之鄉（我自己擅自取的名字）買的酸菜與絞肉一起炒成肉燥、櫻花蝦簡單煎過之後撒在紫米飯上、充滿五香粉味的燉雞翅、以油浸泡好多種乾燥香菇做成的油漬綜合菇類（我分別以芝麻油及橄欖油做了兩種）再與干貝、豆腐一同蒸成一道菜……。

並不是特別召開的餐會，只是做菜請來討論工作、拍攝的工作人員吃的家常便飯，但大家都吃得津津有味，讚不絕口，讓我也開心得不得了（甚至覺得有點驕傲了）。

其中，涼拌木耳更是大家吃完回家也動手做的一道菜，不知不覺中，台灣料理（正確來說是經過我的手，不太道地的台灣風料理）的美味也滲透到每個人的心中。

嗯，下次何時要再去旅行呢？攤開行事曆，算一算下次去台灣會是什麼時候吧！

包裝非常好看的台南茶屋。

元祖太陽餅是這樣的包裝。

烤點心分成小包裝。

容量充足的正紅色行李箱。

享用台灣點心的
下午茶時間。

我很喜歡的木耳，
應該再多買些才對。

很受時髦女性歡迎的
宮原眼科點心包裝。

買了一包鹽漬筍乾
與高橋對半分。

涼拌木耳
快要成為我們家的固定菜色。

充滿大茴香香氣的燉雞翅。

油漬綜合菇類
可以直接吃或是煮義大利麵。

各式乾燥菇類
其中有一款散發著牛肝菌般的香氣。

干貝的香氣
隨著水蒸氣一同散發出來。

剛煮好的紫米飯，
撒上大量煎得焦香的櫻花蝦。

手天品的核棗糕。

加了酸菜乾的肉燥。

在勃肯鞋買的小牛皮拖鞋。

太陽餅的外表跟它的名字相反（？）
感覺很高雅穩重。

拍攝那天做的員工餐。

每回在小曼的店裡
必買的花生糖。

日文版後記

我不知該說是好奇心旺盛還是欲望太強，每次由我規畫的採訪之旅總會有行程過度密集的傾向。即使如此，這次的旅行也還是壓縮得滿滿滿，特別是台南那一段，之後想想，也未免太趕了吧，我不禁反省。伊藤正子、攝影師廣瀨貴子都對我的安排如此忍耐配合，真是太對不起她們了。

雖然是這麼密集的行程，但還是有很多想看、想吃的東西還留在心裡。但不也證明了台灣是如此有深度、具有魅力的地方嗎？

台灣庶民美食的之深厚、寬廣，就算我們已去了兩次、三次也還無法嘗盡。這回的旅行日記也一樣，比起觀光，更將重點擺在邊走邊吃上面。將照片攤開來一看，我們真的每天都吃了好多東西啊！

我想，每個人都有他品味旅行的方法，有人一定不錯過名勝古蹟，有人喜歡走訪大自然，也有人愛逛市場，或是將購物視為唯一，人人都有自己的旅行方法論。《日日》的旅行想要盡可能一探在當地生活、過日子的人的氣息與飲食。這次也受到小曼、江小姐、潘小姐、蜜柑的照顧了，謝謝你們！（高橋）

中文版後記

製作這一期「台灣特集2」的時候，才喚起了我對於兩年前他們一行人來台灣的記憶。透過伊藤正子的採訪與記錄，「原來日本人是這樣看這些地方的啊！」讓我對自以為熟悉的台灣有了不一樣的認識。因為伊藤正子寫得太有趣，讓我在校對之餘也忍不住去做「事實確認」，特地跑去一些她所寫到、但我沒去過的地方（當然時間關係，暫時只限於台北市內）。的確真的像她所寫的那樣呢！還有台南、台中那些沒去過的地方，也讓我非常嚮往，希望有一天也能夠去體驗她在文章裡所寫到的感覺。如果讀者們因為這一期，能夠帶著《日日》走出家門，到台灣各處走走、吃吃喝喝，我想不只是我，伊藤正子和日本編輯團隊一定也會非常開心吧！（王筱玲）

日々・台灣特集2・日文版
日々・no.33

編輯・發行人——高橋良枝
設計——渡部浩美

發行所——株式會社Atelier Vie
http：//www.iihibi.com/
E-mail：info@iihibi.com
發行日——no.33：2014年1月20日

日日・台灣特集2・中文版

主編——王筱玲
大藝出版主編——賴譽夫
設計・排版——黃淑華
發行人——江明玉
發行所——大鴻藝術股份有限公司｜大藝出版事業部
台北市103大同區鄭州路87號11樓之2
電話：（02）2559-0510　傳真：（02）2559-0508
E-mail：service@abigart.com
總經銷：高寶書版集團
台北市114內湖區洲子街88號3F
電話：（02）2799-2788　傳真：（02）2799-0909
印刷：韋懋實業有限公司

發行日——2016年12月初版一刷
ISBN 978-986-94078-0-9

日日：台灣特集. 2 / 伊藤まさ子, 日日編輯部編著.
-- 初版. -- 臺北市：大鴻藝術, 2016.12
64面；19×26公分
ISBN 978-986-94078-0-9（平裝）
1.臺灣遊記
733.6　　105022838

特別感謝：台灣觀光局